Este libro pertenece a:

_____

_____

_____

Para mi hija, Anna.

¡A quien le encanta garabatear con su unicornio!

Puedes consultar nuestro catálogo en www.picarona.net

¡Nunca dejes que un unicornio garabatee!
Texto e ilustraciones: *Diane Alber*

1.ª edición: marzo de 2025

Título original: *Never Let a Unicorn Scribble!*

Traducción: *Júlia Gumà*
Maquetación: *El Taller del Llibre, S. L.*
Corrección: *Sara Moreno*

© 2019, Diane Alber
www.dianealber.com
(Reservados todos los derechos)

© 2025, Ediciones Obelisco, S. L.
www.edicionesobelisco.com
(Reservados los derechos para la lengua española)

Edita: Picarona, sello infantil de Ediciones Obelisco, S. L.
Collita, 23-25. Pol. Ind. Molí de la Bastida
08191 Rubí - Barcelona - España
Tel. 93 309 85 25
E-mail: picarona@picarona.net

ISBN: 978-84-9145-785-5
DL B 20.034-2024

Impreso en SAGRAFIC
Passatge Carsí, 6 - 08025, Barcelona

Printed in Spain

¡NUNCA DEJES QUE UN UNICORNIO GARABATEE!

Escrito e ilustrado por Diane Alber

Desde hace poco tengo un unicornio de mascota. Lo sé, es difícil de creer, pero es verdad. Y todo el mundo no para de decirme:

¡NUNCA DEJES QUE UN UNICORNIO GARABATEE!

¿Por qué todo el mundo dice eso? Quiero decir...,
los unicornios pueden correr encima de los arcoíris,
¿por qué no pueden garabatear?

Pensé... ¿Qué puede salir mal
si le doy **un** lápiz de color?

Bueno…, os lo diré…

¡SE LO COMIÓ!

Ahora mi lápiz de color rosa favorito está viajando por la barriga de mi unicornio. Probablemente por eso la gente dice que los unicornios NUNCA deberían garabatear. ¡Porque se COMEN los lápices!

Y luego se me ocurrió:

¿Podría ser que los unicornios no supieran usar los lápices?

Así que reuní todos mis lápices y empecé a garabatear.

Hice un garabato azul, uno rosa, uno amarillo,

¡hasta incluso un garabato LOCO!

Ahora que ha visto cómo funcionan los lápices, pensé que podría
darle otra oportunidad para garabatear.

Saqué un lápiz de color **turquesa**
y se lo puse delante de él...

¡Y SE COMIÓ LA MITAD!

Escúchame, Unicornio,

¡NO NOS COMEMOS LOS LÁPICES!

¡Dibujamos con ellos!

Luego me di cuenta de que un unicornio no puede usar un lápiz como lo hago yo. ¡A lo mejor es por eso por lo que se los comen!

Y tuve una idea...

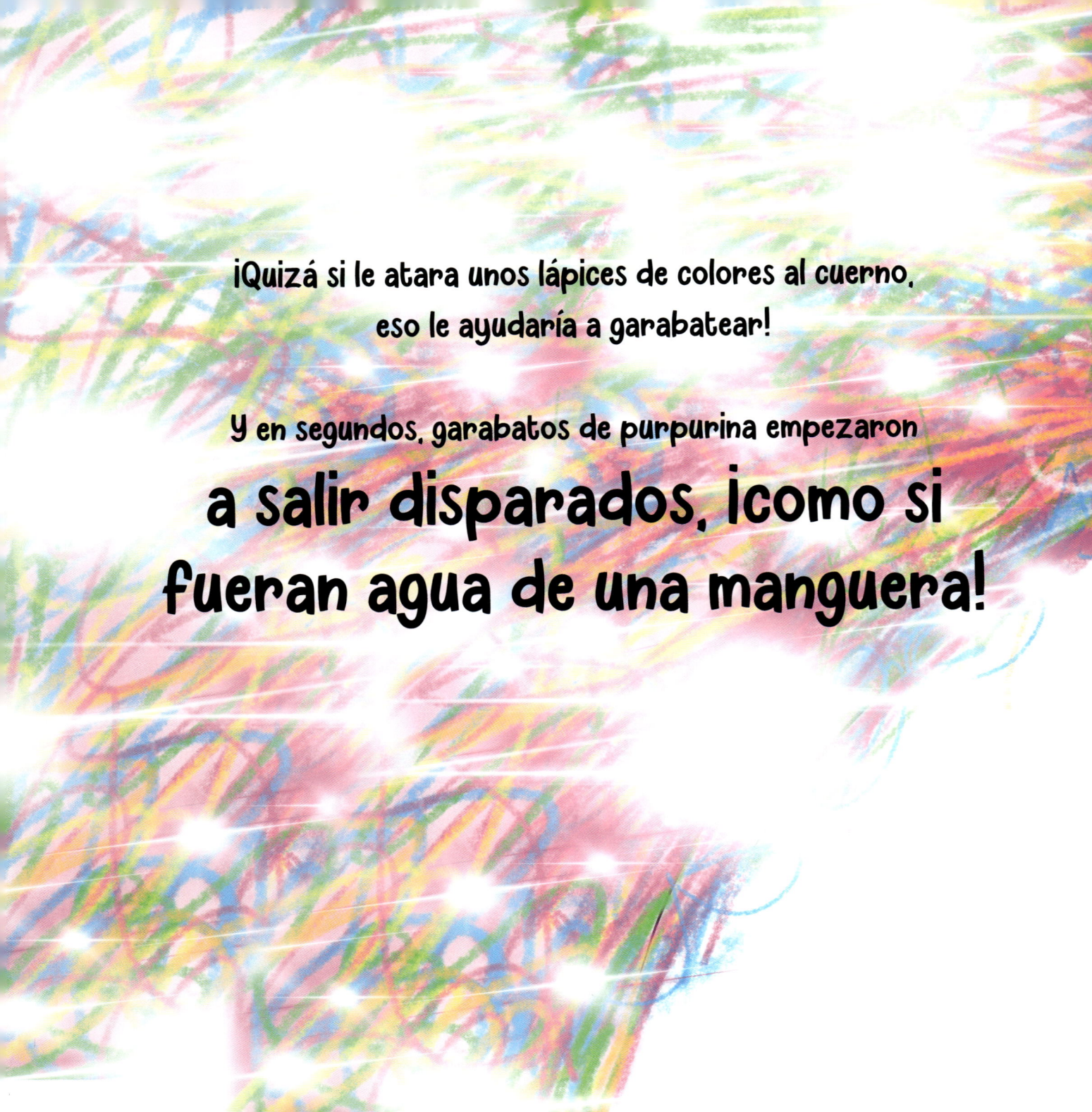

¡Quizá si le atara unos lápices de colores al cuerno,
eso le ayudaría a garabatear!

Y en segundos, garabatos de purpurina empezaron
a salir disparados, ¡como si
fueran agua de una manguera!

Los garabatos brillantes multicolores estaban

¡POR TODAS PARTES!

Estaban en el suelo, en el techo, ¡en las paredes!
¡Hasta llegaron a mi lámpara! Le he pedido
redecorar mi habitación a mi madre durante
bastante tiempo, pero no creo que esto fuera
lo que ella tenía en mente.

Luego escuché un ruido por el pasillo... ¡Oh, no!
¡Seguro que me meterá en un lío! Salí de mi habitación
y bloqueé la puerta. Antes de que mi madre pudiera decir nada,
empecé a explicar el desastre que iba a ver...

Bueno, todo ha empezado cuando escuché que nunca se debe de jar que un unicornio garabatee.

Pero tenía que descubrir por qué.

Así que le di un lápiz a mi unicornio, ¡y se lo comió! Luego intenté ENSEÑARLE cómo garabatear, pero ¡se COMIÓ OTRO LÁPIZ!

Así que le até los lápices al cuerno y, madre mía, ¡es un cuerno mágico! Los garabatos empezaron a salir disparados como si fueran agua de una fuente y eran TAN brillantes..., pero han creado un desastre..., y..., lo siento.

Mi madre asomó la cabeza y sonrió:
¡No has creado un desastre! ¡Has creado una obra de arte!

Cuando me giré, todos los garabatos estaban en mi caballete.
No en el techo, ni tampoco en las paredes, ni en mi lámpara. Estaban
todos en un trozo de papel gigante, ¡y era la mejor obra de arte!

Todo este tiempo la gente ha querido impedir que los unicornios garabateen. Podría ser porque comen lápices de colores. O porque son muy desordenados. Pero si mi unicornio nunca hubiera garabateado, nunca habría aprendido a hacer esta obra maestra. Así que la próxima vez que oigas que un unicornio no debería garabatear, recuerda...

Toda gran obra de arte comienza con un garabato...

¡E incluso los unicornios deben empezar por algún lado!

Fin.